CW01663809

[英] 泰瑞·德里 著 [英]

可怕的科学

另类历史

徐朝晖 译

巫婆的咒语

接力出版社
Publishing House

桂图登字：20-2008-195

图书在版编目（CIP）数据

巫婆的咒语／（英）德里著；徐朝晖译.—南宁：接力出版社，2010.1
（可怕的科学.另类历史）
书名原文：Witches
ISBN 978-7-5448-1054-8

Ⅰ.①巫… Ⅱ.①德…②徐… Ⅲ.①巫术－历史－世界－少年读物 Ⅳ.①B992.5-49

中国版本图书馆CIP数据核字（2009）第211596号

责任编辑：李建霞
美术编辑：朱　琳　　责任校对：张弘弛
责任监印：刘　元　　媒介主理：马　婕

社长：黄　俭　　总编辑：白　冰
出版发行：接力出版社
社址：广西南宁市园湖南路9号　　邮编：530022
电话：010-65546561（**发行部**）　　**传真**：010-65545210（**发行部**）
网址：http://www.jielibj.com　　E-mail:jieli@jielibook.com

经销：新华书店

印制：北京瑞禾彩色印刷有限公司
开本：889毫米×1194毫米　1/32
印张：3　　字数：100千字
版次：2010年1月第1版　　印次：2013年5月第5次印刷
印数：38 001—43 000册
定价：15.80元

目　录

序 言

你可能觉得巫婆就是那些头戴尖帽骑着扫帚的可笑的老太婆。

如今，即使是只有半个脑袋瓜的人都不会相信巫婆的话。

巫婆可以让故事更精彩，但是只有傻瓜才相信一个人真的可以骑着扫帚飞……

而且只有真正的白痴才相信巫婆能在人身上施咒。

那怎么会有一本关于根本不存在的人的历史书呢？关键就在，人们曾经相信巫婆的存在。

人们从来就相信“魔力”——这是一种肉眼看不见的力量，是一种只要你学会利用就能帮助你的力量。能利用魔力的人就被称为“巫婆”。即使有的时候，那“魔力”或许只是用一些草药治了你鼻子上的包包。

《圣经》说：

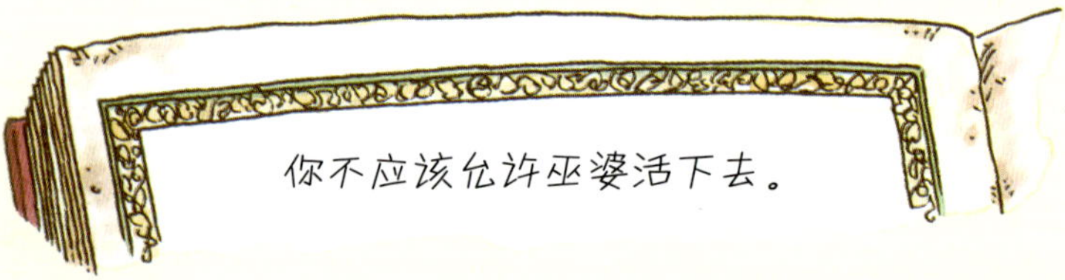

这就引起了一连串残酷、愚蠢而可怕的故事。

如果你把这些事儿辑录成书，那这本书就是“另类历史”，对不对？

你猜怎么着？你就要读到这本书了。

书里满是伤心的、残暴的故事和恶心的咒语。但是不要在家里试验！它们根本就不灵。它们只能证明我们人类有时是很好奇的。

记住，有半个脑袋瓜的人都不会相信巫婆……

一段巫婆游弋的历史

“巫婆”这个词可能来源于古英语中的单词“wicce”，意思就是“有智慧的人”。

也有的人说是来源于“wik”一词，意思就是“扭曲了的”。但现在我们只要知道：“巫婆”这个词是指一个会搬弄魔力的女人。另外，巫婆已经存在很长很长时间了。

100年　一个名叫屋大维的罗马作家写了他听到的关于巫婆的故事。他写道：

415年　在亚历山大城（埃及），希腊才女希帕蒂娅被基督徒谋害了。他们把她拉到他们的教堂里，扒光她的衣服，然后用碎瓷片扎死了她。他们叫她巫婆是因为她是数学家！她的尸体最后被烧了。

785年　查理曼大帝说世上根本就不存在巫婆。任何烧死巫婆的人将要被绞死。

990年　艾尔弗雷克是一个来自英国温彻斯特的修道士。他写道：

艾尔弗雷克相信，十字路口就是鬼魂游荡的地方，巫婆们可以在那儿同他们会谈。不知道那些鬼魂对自己从坟墓里被招到路口作何感想，真是“来到了一个死路口”哇！

1231年　马尔堡的康拉德是德国第一位搜巫人。他说：

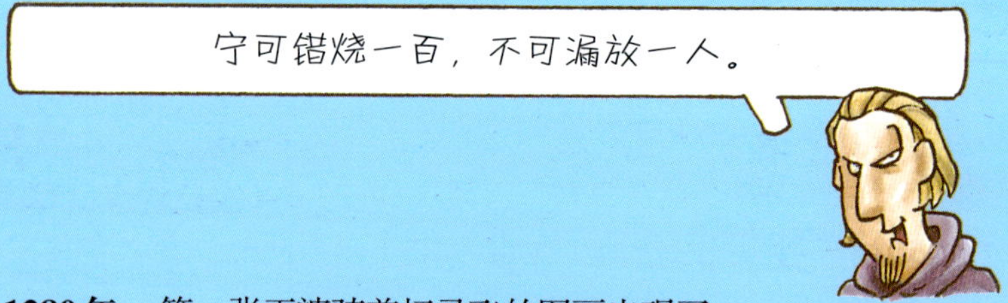

1280年　第一张巫婆骑着扫帚飞的图画出现了。

1324年　佩特罗内拉是大不列颠群岛第一个因被指控为巫婆而遭火刑的人。

1390年　法国展开第一次“搜巫”行动。在教会的眼里，巫婆就是罪犯，但是教会不能绞死任何人，就把她们交给法庭，让法庭去干杀巫婆的事儿。

1431年　英国人抓到了法国女斗士圣女贞德，就指控她是巫婆。她被活活烧死。

1542年　亨利八世发布了一项法律说任何一个从地狱里招鬼魂的人都犯了死罪……并且她们的所有财产都会归国王所有。这项法律想制止巫婆的四种邪恶行为：

1．“预测未来”——任何人都不许说“国王会死”，然后使全英格兰陷入恐慌。

2．“画敌人的头像并将之毁掉，用此法杀人”——据说，这样敌人就会死去。

3．让巫婆调制一种能让别人爱上你的迷魂汤。

4．做一个真人的模型。这样干的人如果被抓住了，就会被绞死，而且会被亨利国王没收所有财产。

法律执行了6年。但是，只有一个人被逮捕，然后又被无罪释放了。

1547年　新国王，爱德华六世，废除了亨利的法律。但是……

1563年　女王伊丽莎白一世又宣布：谁胆敢召唤邪恶的鬼魂，就会被判坐一年牢。第二次再犯此罪就是死刑。

1597年　苏格兰国王詹姆斯六世写了一本关于巫术的书，叫做《鬼魔学》。他写道：

1609年　残暴的贝姆伯格大审判从德国开始，头号搜巫人就是大主教戈特弗里德·冯·多恩海姆。这个上帝的仆从能得到所有被指控后绞死的人的财产！当然，他判了几百个人死刑。

1645年　在英格兰，搜巫大军的头目马修·霍普金斯领导了切尔姆斯福德巫婆大审判。就因为这个蠢人，几百个巫婆被绞死。

1684年　在英格兰，最后一个因被指控为巫婆而被绞死的人是爱丽斯·莫兰德。

1692年　美洲抓巫都抓疯了。在萨勒姆，几十个较幸运的人被扔进监狱。19个不走运的人被绞死。一个特别不走运的农民被压在石头底下，两天后才死，他已经80岁了。

1712年　在赫特福德郡，简·温汉姆被指控用了巫术——于是她成了英格兰最后一个被判死刑的巫婆，不过后来又被安妮女王改判为无罪释放了①。

1727年　在苏格兰，珍妮特·霍恩是最后一个被指控为巫婆而被烧死的人。但是几百年后，人们还是相信巫婆的存在……

① 安妮·索恩指控简把自己变成了一只猫……但是后来说自己是因为遭到男朋友抛弃而心情不好。简一直活到88岁。

1875年 在龙康普顿的威奇伍德森林附近，人们发现了一个老妇人的尸体。这位安·透纳被一个大叉子钉在地上。当地农民詹姆斯·海伍德说：

海伍德因被指控谋杀了安而坐牢。

1928年 一家匈牙利农民把一个老妇人打死了，因为他们觉得她是巫婆。他们却被无罪释放了。

1945年 在龙康普顿（又是这个地方），查尔斯·沃尔顿，一个农夫，被一个大叉子（又是这个东西）钉死在地上。当地流传的闲话说他是一个巫师。杀死他的人一直没能被抓到。

怎样识别巫婆

人们觉得巫婆都面相丑陋，或体态怪异。这些当然是废话[①]。

在古代，人们有很多识别巫婆的方法：

• **有额外手指头的**——据说皇后安妮·博林（亨利八世的妻子）是个巫婆，因为她一只手有六个指头。但是说这话的人实际上并没见过她。说不定她一只手有十个指头呢……

• **脖子上有个肿块的**——又是安妮·博林，她也有这东西。不过，她被砍头时，那个肿块可没有阻挡住那把砍过她脖子的大刀！

• **有体臭的**——一个名叫路德维科·斯尼斯塔里的意大利修道士说：

① 我有些朋友就非常丑。当然，老实说我所有的朋友都很丑。我和他们混就是为了让我跟他们比起来帅一点儿！

路德维科·斯尼斯塔里生活在17世纪末期。他甚至能告诉你为什么巫婆们闻起来那么臭！他是这样解释的：

• **大锅**——巫婆煮神汤用的大锅。传说威廉·洛德·索里斯就是14世纪苏格兰的一个巫师。他被处死的方法就是在他自己的大锅里被煮死。

• **扫帚**——去参加巫婆大会的女人都应该带把扫帚。她们骑着扫帚像骑着宠物马一样，摆出骑士的架势去参加国王的大会。

扫帚带刷的一端应该朝前（就像马鬃），扫帚柄朝地面。

另类历史提示

如果你看到一幅图画，里边的巫婆扫帚柄朝前，那么，要么画图的人是个傻瓜，要么巫婆在往后飞。

另类测试

历史上有许多显得另类的测试，来检验人是不是巫婆。那些测试真的很可怕哟！

1．游泳

人们用著名的“游泳”测试来审判一个人是不是巫婆。下面这些事情要做得到位：

• 右手拇指跟左脚大脚趾绑在一起，左手拇指跟右脚大脚趾绑在一起。（要游泳，这样的姿势可不那么容易哟。）

• 把被测试者扔进水里。

• 如果她们浮起来了，那说明魔鬼在帮助她们——就把她们捞起来，杀了。

• 如果她们沉下去了，那说明她们是清白的——清白死了。

你知道吗？

一个老是唠叨她丈夫的女人被叫做“泼妇”。惩罚她的办法就是把她绑在一个凳子上，然后扔到冰冷的河水里。这样反复做，就是为了给她一个教训，这种惩罚被叫做“涮鸭子”。有些人会误以为这是“游泳”测试。看看，还是“另类历史”的读者知道得更多！

“涮鸭子”一直延续到1817年萨拉·里克被涮时。这个收尾还挺可笑的，人们怎么都没法把萨拉按到水底——其实，是因为他们选的池子太浅了！

2. 残暴的审判

撒克逊人相信“残暴的审判”——如果你可以通过痛苦的测试，你就可以被无罪释放。即使在诺曼人统治了这个国家后（1066年后），撒克逊人还可以执行这种审判。在1209年，奥多的妻子阿格尼丝选择接受“残暴的审判”。她是英格兰第一个被指控为巫婆而受这种审判的人。

3. 吃果酱和面包

爱尔兰人相信巫婆借了人的身体但是不能吃人的食物。迈克尔·克莱瑞要看他的妻子是不是巫婆，就逼她吃果酱和面包。她吃了……但是他还是杀了她。

4. 保持平静

在1595年，朱特·凡·多伦在尼德兰的米尔洛村被指控为巫婆。他们给她做“涮鸭子”的测试，她没通过测试，就被逮捕了。当时的一个作家写道：

那个作家又接着写朱特“看起来”有罪，所以她当然有罪！可怜的朱特被烧死了。

5．疯狂的尖叫

有些人说，自己只要被巫婆碰到，就会尖叫。在1664年的萨福克，罗丝·卡兰德说只要巫婆艾米·唐尼一碰她，她就会尖叫。

所以一个律政官用她做了一个测试。

艾米·唐尼真的被绞死了。

6．流血的尸体

克里斯蒂娜·威尔逊在苏格兰的达尔凯斯被指控为巫婆而被执行死刑。她的罪行是用巫术杀了一个人。

他们把她拉到被杀的人的尸体前面。当她碰那个尸体的时候，尸体就开始流血。他们说这就能证明她是个杀人犯，而且她就是巫婆。

7. 扎巫婆

人们相信魔鬼触摸了巫婆。在魔鬼摸了的那个点，巫婆是不会流血的。所以，搜巫人在巫婆身上找那个点，然后扎那个地方。如果不流血，那她就会被绞死。

苏格兰达尔凯斯的约翰·金凯德就是一个扎巫婆老手。测试一个巫婆，他就能拿到6英镑。他说珍妮特·皮斯顿是一个巫婆。

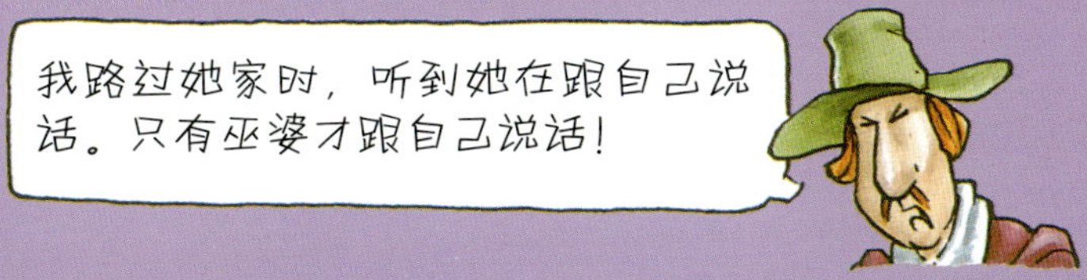

金凯德扎了珍妮特·皮斯顿。他说她没有流血……但他可能作弊了。

珍妮特最终被烧死了。金凯德口袋里多了6英镑。

8. 指甲钳

这个小玩意儿是用来在巫婆不承认自己的身份时拔她们的指甲的。

你知道吗？

如果任何方法都没能测出你是个巫婆，你的脸上还是会被盖个章，然后被赶出家园。所以不管巫婆测试怎么样，你的结局都是输。

巫婆的咒语

历史上有很多巫婆咒语都很富有智慧。以下这些非常有用：

1．阿布拉卡达布拉

这是中世纪的一个魔法咒语。据说是希伯来咒语，是圣父、圣子和圣灵的名字开头字母的组合。人们把这个词写在纸上，用亚麻绳穿上挂在脖子上祈求带来好运。

如果你想试试，应该这样写：

2．猴卡斯泼卡斯

想把你最可恶的敌人变成癞蛤蟆吗？或者，更糟点儿，把他变成一个王子？或者，最糟糕的是，变成一个老师？那你就需要这个特邪的咒语“猴卡斯泼卡斯”。

关于“猴卡斯泼卡斯”如何被巫师们采用的说法有两种：

3．派兹其新格

受不了自己的丑样子了吧？想改变一下吗？或者厌烦了你老师的样子，想让一个长得像明星的人当你的老师？说“派兹其新格”这个咒语，你的愿望就会实现。

只有两个小问题：

a．你的发音必须准确。

b．莱曼·弗兰克·鲍姆发明了这个咒语，并在他的书《绿野仙踪》里用到。所以别太兴奋了，你可能会失望的。

4．阿仙姆

这是巫婆专用的特殊的刀。通常是两面锋利，手柄是黑色的，用铁做成。

5. 维内菲卡

一个意大利的巫婆，用魔药毒死了很多人。在17世纪，蒂法妮亚·迪·阿达莫发明了一种毒药叫做“托法娜之水”。两百年后，著名作曲家莫扎特据说就是被“托法娜之水”毒死的。

6. 阿基拉

你的橱柜里有敲击做声闹恶作剧的鬼或者空房里有魂魄吗？说“阿基拉”这个咒语就能把它们赶走。这是希伯来话“万能的主，上帝之举”的缩语。

7. 令人愉快的魔咒——安娜尼萨普塔

鼻子上长包了？用“安娜尼萨普塔”魔法来消除它。

这可不是一种新的消炎膏药，而是咒语。写在羊皮纸上挂在脖子上。（如果一周之内不见好转的话，去见医生吧。）

8. 令人愉快的魔咒——火拉诺拉马萨

“火拉诺拉马萨”是中世纪的一个咒语。它能保护你不受邪恶势力（像家庭作业啦，家务活儿啦，或者是那些挖鼻孔的男孩子之类）的侵害。

朗读下面这句魔咒：

（朗读这句咒语时，如果你单腿站立，像飞机的螺旋桨那样挥动手臂，效果会更好。这不能让魔法本身更有效，但是一定能让那些挖鼻孔的男孩子们躲你远远的。）

另类历史
没劲的笑话：

为什么巫婆们总是佩戴胸牌？
因为这样她们才能知道谁是谁！

巫婆的结局

不是所有的巫婆最终都被杀死了，但是很多被送去做巫婆测试的巫婆，结局都很悲惨。悲惨得你都不想读下去。你想读吗？那好吧……你自找的。

佩特罗内拉的痛苦

一个叫做佩特罗内拉的女仆是不列颠群岛第一个被当做巫婆烧死的人。

她的女主人，爱丽斯·凯特勒夫人住在爱尔兰的基尔肯尼。她的三个丈夫都死了，给她留下了很多遗产。她的第四个丈夫搜查了她的房间，发现了很多魔法器具。

爱丽斯因使用魔法的罪名被抓起来。据说她调制了毒药毒死了她的丈夫们。

毒死丈夫秘方

材料：

遭砍头的强盗的骷髅头，死人的手指甲，小婴儿的脑浆，头发，虫子，内脏，毒草。

做法：

把所有的材料放进强盗的骷髅头里搅拌，放在火上煮[1]。

放在一旁冷却。

喂给你想毒死的丈夫吃。

---

① 不行，我不懂怎么在死人的骷髅头里煮东西。从来没有人教过我……我的意思是学校。

爱丽斯和她的儿子威廉·奥特罗，还有女仆佩特罗内拉一起被送进审判庭。

爱丽斯有钱，贿赂了法官，法官放她逃亡到英格兰。

威廉有钱，付钱修了大教堂的铅质屋顶。他被无罪释放。

但是佩特罗内拉穷。他们鞭打她，直到她承认自己是个巫婆。然后，在1324年11月3日，他们把她拉到市中心，活活烧死。

你知道吗？

威廉出钱修的基尔肯尼大教堂的铅质屋顶寿命不长。因为太重，整个屋顶坠落下去，把钟楼也压垮了，致使几个人丧生。不走运吧？或许是可怜的佩特罗内拉的报复呢。

艾荣格瑞的巫婆

下面这个故事讲的是苏格兰的一位老妇人的可怕的结局：

在詹姆斯一世的统治下（1603—1625），或者在他的儿子查尔斯统治的早期（1625—1649），一位老妇人在苏格兰艾荣格瑞教区被当成巫婆烧

死。她住在一座泥土砌起来的农舍里，靠纺羊毛和织袜子赚很少的钱过日子。她单独一个人生活，人们常常看到她夏天晚间坐在罗丁小溪旁的一块石头上。有时候，天黑了，她会捡一些花楸树的树枝。她把一本黑字的《圣经》放在窗台上，用两个奇形怪状的铜夹子夹住。当她去教堂，有时候人们会看到她的嘴唇在动。传说她能预测什么时候天晴或者下雨，而且她的预测往往是准确的。

加洛韦的大主教迫于压力去惩罚这个巫婆。他怕如果他没法处理她的话，有人会在国王面前告他。所以他下令把她拉到罗丁小溪旁边。她被粗暴地拖到小溪里。几个邻居也被叫来证明她所做的巫术之事。

她被判处淹死在罗丁小溪。但是围观的人都坚持要把她塞进焦油桶里，然后扔进克鲁登河。虽然不情愿，主教还是同意了。这个不幸的女人被塞进焦油桶里，上面点上火，在熊熊烈火中被推进克鲁登河里。

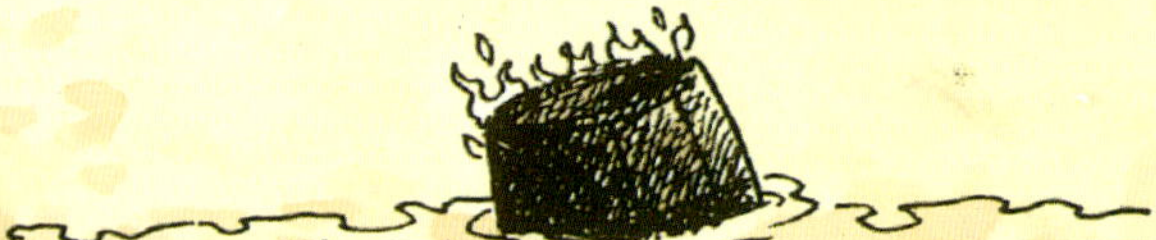

巫婆逃生

有些巫婆摆脱了她们所谓的罪名。

埃莉诺和蜡烛

1441 年，埃莉诺 · 科伯姆想让她的丈夫汉弗莱当上国王。汉弗莱的兄弟约翰是挡道的几个人之一。

约翰死了。

一个叫休谟的人上前指证：

休谟被无罪释放。

托马斯死在监狱里。

罗杰被绞死。

玛格丽被活活烧死。

埃莉诺呢？被迫举着一根蜡烛走过伦敦的所有大街小巷。

是不是因为她是伯爵夫人所以免于一死？玛格丽被活活烧死是不是因为她是个老百姓呢？

对巫婆的惩罚方式种种（详见第50—56页），但是玛格丽并不是因被指控为巫婆而受惩罚，她的罪名是阴谋陷害国王——叛国。在英格兰，对犯有叛国罪的女人的惩罚就是烧死她。

白色的女巫粉末

1650年左右，在英格兰北部，一个穷人突然变得很有钱。他卖一种可以治病的白粉。他被捕后被审讯的问题是："这白粉是来自邪恶的魂灵吗？"

这时，你会回答："当然不是！"但是这个人讲了一个关于他遇见一群仙女的童话故事。他说：

法官觉得这个故事都是胡说八道。他说这个男人该走到那座山上，一路上被鞭子抽打，直到他能清醒一点儿。

当然，法庭可以用跟魂灵说话的罪名绞死他——这就是巫术之一。

但是村子里的人表态说“无罪”——然后这个男人就被无罪释放了。

他一辈子过得又富足又幸福。

克拉克无罪

英格兰最后一场严重的审判发生在1717年。来自莱塞斯特的简·克拉克被指控是巫婆，很多人都要去法庭指证她是一个巫婆，但是执法人员把这个案子给放下了。

10年后，苏格兰的珍妮特·霍恩可没那么走运，她被塞进装满焦油的桶里烧死了。

另类历史
没劲的笑话：

巫婆最喜欢的电脑程序是什么？
咒语拼读纠错程序。

我是巫婆

在历史上，好多人相信有巫婆，这些故事都可以上头条新闻……如果那个时代有报纸的话。以下就是十个真实的故事，放在今天可能会上报纸。只是一些猎巫人把关键词给剪掉了。

下面这些就是缺掉的词语……但是顺序打乱了：扫帚，士兵，棺材，修女院，死人头，马，绳子，鸡，跳蚤，丈夫。

把这些词填进相应的空格里。要注意咒语正确。拼写／咒语英语都是Spell，所以……巫婆，这是个玩笑，懂了吗？好啦，不谈这些了。

1. 昨天一名巫师在他发誓不再施巫术后被释放。他的咒语书，《骷髅头和________》在广场上被烧毁。（英国，1307年）

2. 贝茜·邓禄普因为施巫术而被烧死。她被称为达尔瑞的巫婆。她说她是得到了一个名叫托马斯·里德的________的帮助。但是里德30年前早就死了！（苏格兰，1576年）

3. 亨利八世国王今天新公布了一条法律。法律说禁止制作男人、女人或孩子的模型。做天使、魔鬼或________的模型也不行。（英格兰法律，1542年）

4. 埃塞克斯的伊丽莎白·弗朗西斯说她用巫术驯服她的__________。她被关进监狱一年。(英格兰，1566年)

5. 科布里奇的安妮·阿姆斯特朗说她把自己变成了__________，好让她的朋友简·贝兹骑在自己背上。(英格兰，1673年)

6. 伊泽贝尔·戈迪晚上偷偷地溜出去开巫婆大会，她的丈夫一点儿都不知道她出去了。她在她睡觉的地方塞了__________。(苏格兰，1662年)

7. 据说一位南非妇女骑在__________上飞。(南非，19世纪)

8. 乌班·甘迪尔被烧死，因为他唤来魔鬼去攻击__________。(法国，1630年)

9. 埃德蒙·哈特利做了一个魔法圈，被绞死两次，因为第一次__________断了。(法国，1630年)

10. 一个萨勒姆的女孩把鸡蛋蛋清打到装了水的玻璃杯里，她看见了未来的迹象——那是她的__________。(美洲，1692年)

答案：1. 死人头 2. 士兵 3. 鸡 4. 丈夫 5. 马 6. 扫帚 7. 跳蚤 8. 修女院 9. 绳子 10. 棺材

疯狂的猎巫行动

历史上有段时期，人们都发疯了，大家看谁都像巫婆。人们太恐慌了。他们真的相信他们的朋友和邻居都是巫婆。大规模的猎巫活动就此开始，好几千人死于其中。

可怕的折磨

如果一个巫婆说“我是巫婆”，她就会被烧死。如果一个巫婆说“我不是巫婆”，她就会被折磨一直到她承认她是个巫婆。

这事就发生在16世纪初德国巴伐利亚州的帕本海默尔一家人身上。这家的丈夫、妻子和三个儿子都以清扫粪池为生。

巴伐利亚公爵马克西米连一世想对这家人作“公开”的审判。审判的目的是给他国家里的每个人看看“犯罪不值得”。

他们拒绝承认，于是他们就受到了折磨。他们痛苦不堪哪……

四次吊重刑通常就能整死人了。

长时间的折磨后，帕本海默尔一家人说他们犯了滔天大罪。招供罪行包括近十年来巴伐利亚所有没查清的犯罪。

帕本海默尔一家人一共点到了四百多个人名——其中大多数人根本就不存在。

- 他们被拉到中心广场，被绑在一根柱子上。
- 他们身上的肉被烧红的钳子一点一点地夹掉。
- 让他们喝红酒，把他们装上囚车，拉到死刑现场。
- 他们被绑在一个木制的框架上。
- 一个特重的轮子掉下来，一个一个把他们的四肢砸碎。
- 他们被绑在椅子上，放在火堆上，活活烧死。
- 最小的儿子，汉赛尔被逼着眼睁睁地看着他的父母受折磨。
- 他们被处死后，汉赛尔被拉回他的牢房里。
- 1600年11月26日，他被绑在柱子上活活烧死。

巫者的苦难

在17世纪20年代，德国有很多可怕的猎巫活动。贝姆伯格有一个受害人名叫约翰内斯·朱尼乌斯。他们把他从监狱里拉到焚烧现场，他想办法给女儿维罗尼卡写了一封信：

任何以巫师之罪被关进监狱的人必须变成一个巫师，或者被折磨到最后他在自己的脑子里编造一些不存在的东西。施刑人给我戴了拇指夹，鲜血从我的指甲里、从我的身上四处喷出。整整4个星期我都没法用我的手。

然后他们扒光我，反绑住我的手，把我吊到一根梁上。他们先用一个梯子把我吊上去，然后把梯子搬走。他们前后8次把我拉上去再让我坠下来，就是让我受极其痛苦的折磨。

在上帝的帮助下，我忍受住了折磨。最后施刑的人让我回到监狱里，他对我说，先生，我求你了，看在上帝的分儿上，承认一点什么吧，不管是真的还是假的，编造点什么。即使你能熬得过酷刑你也逃不了，即使你是一个伯爵也逃不了。你会承受一个接一个的酷刑，直到你承认你是一个巫师。

亲爱的孩子，把这封信藏起来，不要让人发现，不然我就会受到更残酷的酷刑，监狱长也会被砍头的。亲爱的孩子，给送信的人一个泰勒[①]……我花了几天的时间写这封信——我的双手都残废了。我的境况很悲惨。晚安，你的父亲约翰内斯·朱尼乌斯再也见不到你了。

① 一个泰勒是中世纪的一个银硬币。

最后，约翰内斯·朱尼乌斯终于承认他是一个巫师，于1628年8月被绑在柱子上烧死。

贝姆伯格的宝贝

17世纪20年代在德国贝姆伯格有几百个德国人受审判。

受害人受到的折磨是：

在滚烫的浴池中洗澡

在烧红的铁椅子上烤

跪在尖刺板上

在去刑场的路上，犯人的手被剁掉。被折磨死的年龄最小的孩子只有六个月大。

萨勒姆的巫婆

这事就发生在1692年马萨诸塞的萨勒姆，三个分别为9岁、10岁和12岁的女孩诱发了一起死亡事件。贝蒂、阿比盖尔和安开始行为异常，医生找到了答案。

能怪罪于谁呢？贝蒂的爸爸是个牧师，你不能怪罪于他吧！他家还有一个叫提图巴的黑奴，她教过那些女孩子们怎么预测未来。怪罪于她就太容易了！

你看，猎巫的规则很简单。

当然，被指控的每个人都必须告发别人才能救自己的命，这样事情越闹越大。有150个人被指控为巫婆——尽管她们知道自己不是。

她们说了一些特傻的话，比如：

然后贝蒂、阿比盖尔和安说：

这按理说可以让整个事情消停了，但是指控的人说：

这样19个女人被绞死。但最惨的是其中的一个男人。他拒绝表示自己有罪还是无罪。给他的惩罚是在他的身上堆上石头，直到他被憋死压死。

这都是因为几个小骗子“闹着玩”。

指控巫婆的孩子们

在16世纪和17世纪，每个人都卷入了猎巫运动，包括小孩子们……

邪恶的埃德蒙

村子里有智慧的女人靠预测未来、为生小病的动物和人治疗，或者找到村里人丢失的东西等等来赚些小钱。

但是问题是，这些有智慧的女人可能因为做这些事被称为“巫婆”。如果你惹恼了一个人，他可能告发你，并让你的生命受到威胁。即使你没有惹恼他，他也可以用别的理由来告发你。

这种事就在1632年万圣节发生在了兰开夏郡芬斯村。

埃德蒙的父亲后来把关于他儿子的真相告诉了别人。

我们的埃德蒙有点儿想象力过于丰富，但不是个坏孩子。他给我们讲了一个他在芬斯附近玩时发生的故事——就是芬斯村的沼泽地那里……他看到了用链子拉着的两条猎犬。

他要猎犬去捕猎野兔，它们不听，他就用棍子打它们……然后这一打，就把猎犬变成人了。

他立刻就知道了谁该对此事负责。就是弗朗西斯·迪克森，我们的邻居。

他说她付给他钱，叫他不要声张。他当然拒绝了。他一眼就能看出巫术来。

他们就把他绑起来。弗朗西斯把她的朋友变成一匹马，然后把我们的小埃德蒙放在马背上。他们把他带到巫婆大会，在那里他看见巫婆和男巫一起举行宴会。

他自然而然地想到，他们会把他当成祭品……当然，你也会这么想。

但是他逃走了，而且立刻报告了执法官。老弗朗西斯·迪克森被抓起来，还被判了刑……其他一些人也被判了死刑。都是我们的埃德蒙的功劳。

但是法官延迟执行死刑。这个结果还算不错。

我们的埃德蒙成了名人了！他宣称只要看到巫婆他就能指出来。他指出一个就能拿到酬劳。他赚了很多钱。

很多。

然后人们发现他是个骗子。巫婆们被无罪释放。他们审查了埃德蒙讲的故事。结果那些故事都是事先被人包装好的。

谁包装的呢？

就是我呀。我们赚了好多钱。好多。

从弗朗西斯·迪克森的苦难中赚到钱的不只有埃德蒙的爸爸。一位作家把这个巫婆故事写成剧本，叫做《兰开夏郡已逝的巫婆》，在伦敦上演非常受欢迎。

一个名叫约翰·韦伯斯特的牧师会见了埃德蒙，还写了一本关于他识别巫婆的技巧的书。每个人都从中赚到了钱——除了那些被关在兰开夏冰冷的城堡里数月的男男女女。

坏男孩

很多男孩都讲过关于巫婆的谎话。在17世纪的英格兰……

“莱塞斯特小子”

约翰·史密斯是一个4岁的小骗子……没人因此丧命。但是1616年他13岁时，又开始行骗。这次他的谎言让9个女人被处死，其中一个死于监狱。

“伯顿小子”

爱丽斯·古德里奇被一个叫做托马斯·达林的人指控为巫婆。这个故事是他编的。但是无辜的爱丽斯在等待审讯时死在了德比监狱里。

“比尔森小子”

1620年威廉·裴里说巫婆折磨了他……然后他说，说谎的动机就是因为喜欢别人关注他。一个牧师教他用“呕吐脏布、线绳、稻草和弯曲的别针”佯装被折磨的情景。

令人厌恶的女孩们

而女孩子说起谎来比男孩子更厉害……

巴戈然的骗子

一个名叫克里斯汀·肖的11岁女孩的谎言让21个人受指控。其中7个在佩斯利被绑在木桩上烧死。克里斯汀常犯痉挛，常大声宣称有些人用他们的魂灵来折磨她。这个案件在历史上被称做“伦弗鲁郡的巫婆”。

苏里·约根斯达特

一个13岁的挪威女孩告诉执法人员，她的奶奶是一个巫婆，带她去了布拉库拉山跟魔鬼共进晚宴。

伯里·圣·埃德蒙斯的安妮·杜兰特

1660年，安妮说一个当地的巫婆唤来鬼魂来吓唬她。巫婆被绞死了。

巫婆医术

在中世纪，医生很少。如果你有钱，你就请得起医生，但是村子里的穷人只能将就请“有智慧”的人看病。

你可以请有智慧的人帮你找到丢失的东西。你可以请他们帮你预测未来。这些人的医治方法有的是真的，比如用一些草药，还有些靠的是巫术。这些有智慧的人就是所谓的巫婆。

下列巫婆的医治哪些有效呢？

另类历史提示

警告本书读者，不要在家里试验以下任何一种治疗方法。即使这些方法不会置你于死地，也会让你病得死去活来。随便读读，图个好玩就得了，别的什么都别做。

疣

治疗疣的方法有很多。比如，你可以试试在猪后背上摩擦你的疣。

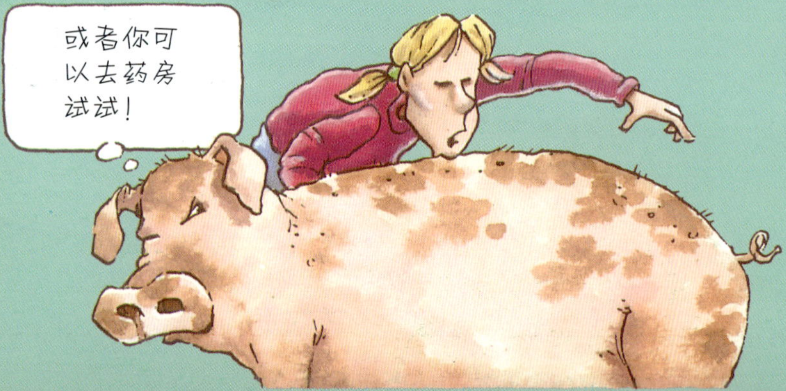

宝宝红疹

好好地用中世纪可爱的方法给你宝宝的红疹来一个沉重的打击……

拿一缕女人的头发
在户外烧了。
毒蛇和蟒蛇不会靠近，
因为它们很怕这种烟味。

把烧过的头发揉到肿疼的眼睛里，
或者抹在疣上，它们都会痊愈。
在头发灰里加一些蜂蜜，
就能治疗宝宝的红疹。

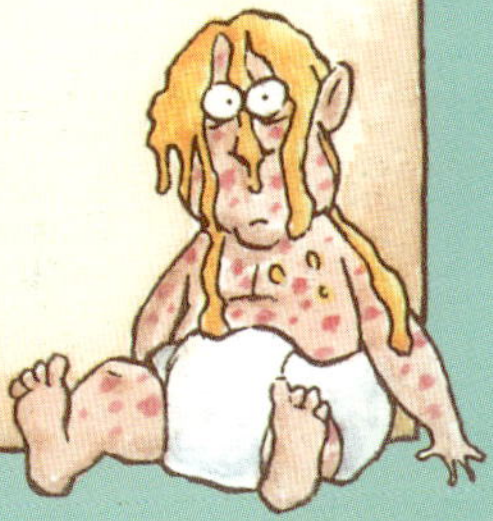

头疼

去一个公开施绞刑的地方。待犯人被吊死、吊绳被砍断以后，从施绞刑的人的手上买一段吊绳。用那吊绳揉头，头疼就会消失。

即使在19世纪，人们还相信这些神奇的疗法。如果没有拿到吊绳，他们就用蛇皮来代替，把蛇皮放在帽子里面。

耳朵疼

把以下材料搅拌在一起：

把上述材料搅拌在一起后抹进疼痛的耳朵里，再拿一些黑羊毛当耳塞。不管怎么说，你不想让那只蟑螂跑掉了，是吧？

《贝代尔的巫术大全》(1773年）一书说应该用青蛙的痰，但是书中没有告诉你怎么能得到青蛙的痰。

青蛙跟人类一样吗？是不是那些不讲礼貌的蛙才吐痰呢？

咒语考试

下面讲的是8个魔咒和各自的威力——但是顺序都给打乱了。你能把它们拼起来吗？

你全拼对了的奖励就是把你当做巫婆烧死——当然，你必须是巫婆才能找对答案！

你拼错了的奖励就是被变成一只青蛙——除非你已经是一只青蛙，如果那样的话，你的奖励就是被变成一个“另类历史学家”。

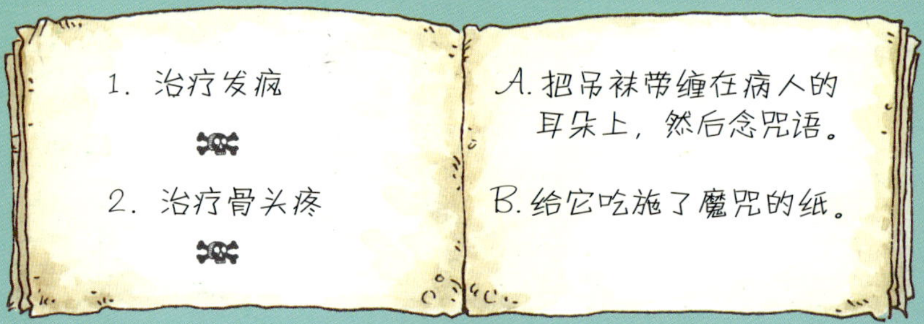

3. 让某个人爱上你

4. 治一只疯狗

5. 治疗头疼

6. 治疗生病的动物

7. 治疗心痛

8. 找出犯罪人的名字

C. 跳进河里。

D. 在病人的屋子里放飞一只蝙蝠。

E. 在他们走的路上撒一些玫瑰花瓣。

F. 把怀疑对象的名字写在纸上，一个一个地夹进一本《圣经》里。

G. 把病人的头发放在他的尿里煮后，倒进火堆里。

H. 把草药系在动物的尾巴上，或用魔杖敲打它们。

答案：1. D 2. C 3. E 4. B 5. G 6. H 7. A 8. F

注：8. F有罪人的名字放进去的时候，《圣经》会摇晃。

你答得怎么样？

巫婆的刑罚

你当然没傻到相信有巫婆的程度。但是那些聪明的制定巫婆法律的人还真相信！下面就是一些多年来巫婆所受到过的古怪惩罚方式。

颈手枷
你想都别想！
头戴高帽
真是个蠢货！
砍头
如果再有一个人说“请把头顶再往下削一点”，我就要尖叫了！
乱石砸死
凿死
真是太疯狂了！
烧死

下面说的就是那些烂刑罚是怎样操作的。

1. 被迫绝食

在公元670年左右，坎特伯雷大主教给巫婆的惩罚就是让她挨饿。

2. 驱逐出境

公元860年左右，埃塞尔雷德国王决定把国内所有的巫婆都驱逐出境——巫婆让他恼火。

但是还没过100年，埃塞斯坦国王决定杀死所有的巫婆。这人真是忍受不了巫婆半点……

3. 绞刑

1563年，一个新通过的法律说英格兰和苏格兰的巫婆们都必须死。英格兰的巫婆被绞死，苏格兰的被烧死。

1566年，阿格尼丝·沃特豪斯被判有罪，在切尔姆斯福德被绞死。她的罪行呢？

4．淹死

公元990年左右，挪威国王欧拉夫·特里格瓦森下令把男巫绑起来丢到只有石头的小岛上。涨潮的时候，他们就被淹死了。

你知道吗？

欧拉夫他自己就是被淹死的。他的海军被瑞典海军打得一塌糊涂，他从战船上跳入海里淹死。这种死法比等着潮水涨上来慢慢淹死要快一些。在水里淹死是不是欧拉夫该得的下场？

5．颈手枷

约翰·伯金是一个伦敦的算命先生，他在1390年被捕。他的罪行就是给别人算命。伯金被上了颈手枷一个小时，蹲了监狱两周，然后被驱逐出伦敦。

6. 头戴高帽

1467年，南约克郡的威廉·柏格因为从水晶球里寻求解答而被捕。他说水晶球能告诉他小偷的名字。柏格被逼着头戴高帽游街。高帽上写他是一个算命先生。

几百年来，老师们借用这个方法，在你头上戴上高帽让你示众。

7. 砍头

1540年，人们相互询问：“大胖子国王亨利八世能活多久哇？”

勋爵亨格福德试着用巫术来预测。他被抓住了，受到的惩罚是砍头——像你我一样的老百姓会被绞死，但因为他是个勋爵，所以可以享受砍头的待遇。

8. 乱石砸死

最早提到惩罚巫婆的是《圣经》。在《利未记》第20章27节里写道：

> 巫师和巫婆都该死，人们必用石头把他们砸死，然后将罪恶的血液洒在他们身上。

老百姓都可以加入进来扔石头。但他们必须用小石头，这样犯人的死才是又慢又痛苦的。

9. 烧死

在苏格兰等国家，巫婆都会被烧死。通常她们会先被勒晕过去，这样在火里慢慢被烧死时就没那么痛苦。

特别残忍的施刑官在行刑时会用潮湿的木头，因为火会烧得特别慢。

在1590—1680年间，至少有4次大规模的猎巫行动让苏格兰全国人心恐慌。1597年在阿伯丁，有23个女的和1个男的被勒得晕过去后被烧死。剩下的因为太惧怕这种死法，在监狱里自杀了。

别担心。阿伯丁的人还是可以好好地报复一下这些先行死去的人。他们的尸体被拖着游街，直到拖成碎片。

10. 凿死

在公元415年，亚历山大城（埃及）的有智慧的女人希帕蒂娅就被指控为巫婆。一群基督徒攻击了她。他们用碎瓷片凿她的身体。

这种惩罚巫婆的方式是罗马君主君士坦丁发明的。

君士坦丁说：

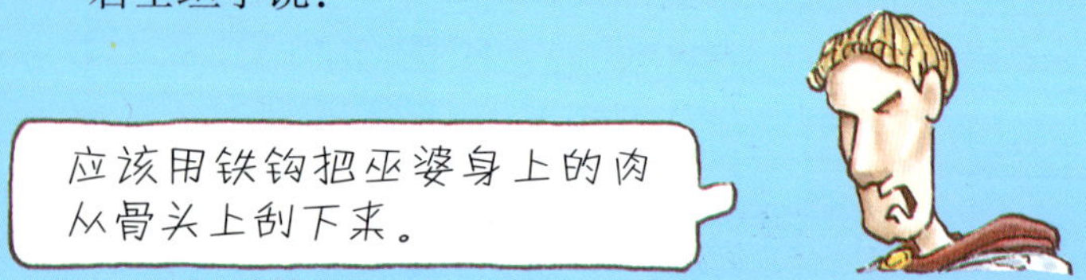

基督徒们没有铁钩，所以他们用碎的杯子、盆子和盘子代替。

你知道吗？

人们有时候用自己的方式来处理巫婆。1867年，斯特拉福羊街上的人认为老太婆简·沃德是个巫婆。一个住在那条街上的叫做约翰·戴维斯的男人，怪罪老简把邪恶的魂灵从他家的烟囱送进来，致使他的女儿生病。警察拒绝逮捕老简，所以戴维斯跑去用刀乱砍简的脸。他说：

老简从来没有伤害过任何人——她在受攻击几天后死了。戴维斯就只蹲了6个月的监狱。你敢相信吗？或者（就因为发生在羊街）羊会相信这事吗？

① 这些话即使你活着的时候说都挺绕口的，更不用说当你被凿死的时候，所以希帕蒂娅可能说了句简单点儿的话：“哦！把茶杯碎片从我眼睛里拔出来！”

奇怪的咒语

我们都认识一些我们不喜欢的人。但是我们通常不会往他们身上施咒语。

如果你相信自己有巫师的神力，你可以试试。在另类历史的长河里，人们真的试用过这些奇怪的咒语。

1．淹死那个国王

1591年，苏格兰北贝里克的阿格尼丝·桑普森被捕了。她被指控试图用咒语造起风暴打沉苏格兰国王詹姆斯六世的船。

她说指控属实，而且她还描述她的整个操作过程：

詹姆斯说阿格尼丝在说谎。

但是后来阿格尼丝把詹姆斯拉到一个密室里。她复述了詹姆斯在新婚之夜跟他妻子说的话。

詹姆斯惊呆了。

阿格尼丝和她的朋友们被活活烧死了。

詹姆斯后来成了英格兰国王詹姆斯一世。他还写了一本关于巫术的书叫做《鬼魔学》。

你知道吗？

阿格尼丝·桑普森想诅咒国王詹姆斯，她曾经试着去弄国王的内裤，计划把癞蛤蟆的毒液涂在上面，因为这能给他灼热的疼痛。但是计划没成功。詹姆斯从来不让他的内裤离开他的视线。

2. 巴托里的鲜血诅咒

你是否有一个想置其于死地的敌人？你想他痛苦地死去吗？这个来自17世纪东欧的咒语会解决这个问题。

一滴鲜血

你需要：

一只黑母鸡，一根白色的棍子，你敌人的衣服

做法：

1. 把黑母鸡放在地上。
2. 用白色的棍子抽打母鸡，直到它死去。
3. 把血存起来，把一滴血抹在敌人的身上。
4. 如果你没法靠近你的敌人，就把血抹在敌人的衣服上。
5. 你的敌人会像那只母鸡一样痛苦地死去。

今天就试试吧，而且好消息就是你不会因为这个而坐牢，因为没有人相信这个诅咒有效。

但是**不好**的消息就是你会因为残暴对待母鸡而坐牢——你也活该。记住**不要**在家里试着做这个呀！

你知道吗？

伊丽莎白·巴托里（1560—1614），一位残忍的特兰西瓦尼亚伯爵夫人，就用过这个诅咒。她还试过另一个谋害敌人的魔咒，就是自己在毒药里洗澡，然后把洗澡水掺进蛋糕里再给敌人吃。这样他们就内脏疼痛但不会死。

3. 咒那头牛

贫穷的法国农民痛恨有钱的农场主。他们忌妒农场主有钱，所以有些人设计一些巫术来报复他们。

1597年的法国洛林，一个名叫赛内拉·裴特的女人被指控给一位农夫的一头最棒的牲畜施魔咒，致使它变得懒洋洋的。

在审讯的时候，赛内拉告诉法官她施魔咒的方法：

赛内拉还诅咒了一个牧师——那个牧师后来死了。

4. 杀死敌人

据说巫婆杀死敌人的方法就是做一个敌人的模型。如果想让敌人腿疼，她们就往模型的腿上扎一根针。如果想她们的敌人死，就往模型的心里扎一根针。

你怎么做你敌人的模型呢？1566年，英格兰的约翰·沃尔希解释道：

在1586年，一个叫做基罗拉莫·蒙基的意大利魔术师说他认识一个巫婆会用羽毛做人的模型。那些受害人会不会就这么痒痒死了？

① 你怎么能从一个烧成灰的人的身上取下肋骨呢？我不知道。如果你必须知道，你就去问约翰·沃尔希吧。祝你好运！

5. 去吃掉那个敌人

1657—1661年，在苏格兰的猎巫行动中，北贝里克的伊泽贝尔·克雷格被指控为巫婆。她用以下语言诅咒另一个女人：

那个女人就抓伤了伊泽贝尔，因为这样据说能让诅咒失灵。

6. 把那孩子给煮了

1619年，乔安·福罗尔和她的女儿们在英格兰的莱塞斯特郡的贝尔瓦尔城堡当仆人。其中的一个女儿玛格丽特因为偷东西被解雇了。乔安决定谋害主人的儿子们作为报复。

福罗尔一家被逮捕。乔安不屑地对法官说：

他们给了她面包。

她真的给卡住，当场噎死了。

令人毛骨悚然，是不是？

7．舔护符

这一招被很多人用来攻破另一个诅咒。如果你觉得你被一个巫婆施了魔咒，那就拿一个幸运符来……

- 上上下下舔这个护符。
- 然后前前后后舔这个护符。
- 然后再上上下下舔这个护符。

如果你的舌头能尝到咸味，你就攻破了巫婆的诅咒。

巫婆问题小测试

你对巫婆了解多少？用下面这些问题考考自己。如果得了10分的话，说不定有魔鬼在帮助你……所以你会被判死刑！（但只是判你老死，所以你还不用担心。）

得0分的，你一定是个天使。

1. 在16世纪，你会因为相信什么而被处死？

a. 把鼻涕和煤灰抹在身上可以让你成为隐身人

b. 在你家花园的深处有仙女

c. 魔鬼以老师的外形出现

2. 玛丽·贝特曼是个魔术师，但是1805年在利兹，她使别人相信自己是个巫婆。她怎么做的呢？

a. 她骑着扫帚满天飞

b. 她让一头大象消失了

c. 她让一只母鸡下了写着字的蛋

3. 1595年，玛丽·贝顿在尼德兰的米尔洛作为巫婆被捕。她要求法庭对她做什么呢？

a. 把她按进水里证明她不是巫婆

b. 烧了她，因为她是巫婆

c. 把她做成食物，把她的肝喂给米尔洛的穷人吃

4. 1894年在爱尔兰的克朗梅尔，布里吉特·克莱瑞的丈夫说她露出了巫婆的迹象。是什么呢？

a. 她的下巴上长了疣

b. 她长高了两公分

c. 她一晚上醒来就变漂亮了

5. 人们说切姆斯福德的阿格尼丝·沃特豪斯在1565年把她的白猫变成了一只癞蛤蟆。他们为什么这么说？

a. 她想用小猫做手套

b. 她想从小猫身上抽脂肪

c. 她想吃"蟾蜍蹲洞"这道菜

6. 1605年，在牛津郡，布赖恩·冈特杀了邻居的儿子后觉得特别歉疚。他不去说"抱歉"，反而让他的女儿指控他们施用巫术。他是如何把邻居的儿子杀掉的呢？

a. 打架的时候

b. 在一次马和车发生的事故中

c. 踢足球的时候

7. 1692年在美洲，一个叫做贾尔斯·盖蒂的男人拒绝承认他是巫师。法庭用了什么方法让他开口说话？

a. 挠他的脚底直到他痒痒得受不了

b. 拔他的手指甲，再拔他的脚指甲，一个一个地拔

c. 用超重的物件砸他

答案：

1. b　1576年，艾尔郡的贝茜·邓禄普被指控用了巫术。她可能被施加了酷刑，并且说了如下的话：

她因为相信仙女而被烧死。

2. c　人们付一个便士去看玛丽·贝特曼的神奇母鸡。玛丽从母鸡身下取出一个蛋，上面写着“耶稣要来了”。当然这是一个魔术，但是很多傻瓜相信她，付了她很多钱。

另一个魔术就是用神奇布丁“治愈”帕里格太太。布丁里面全是毒药，帕里格太太死了。玛丽·贝特曼被判绞刑。

即使在牢里，她还从另一个犯人手上骗到了钱。1809年3月20日，玛丽·贝特曼，约克郡的巫婆，被拉到大庭广众之下处死。有些约克郡的人仍然相信她有巫婆的法术，觉得她能够从绞索下逃出来。结果她没做到。

---

① 艾尔芬——仙境的另一个名字。

3. a　玛丽要求被按进水里。她说：

结果呢？他们把玛丽按进水里。

后来的结果呢？她浮起来了。

他们怎么处理她的呢？活活烧死了她。

所以那个可怜的女人在冰冷的水里淹了个半死，然后再被活活烧死。

4. b　迈克尔·克莱瑞有精神病，他相信他的妻子布里吉特被绑架了。家里的那个女人是一个变成布里吉特样子的仙女。仙女被看成是巫婆。

迈克尔在朋友和家人的帮助下对布里吉特施酷刑。她被绑起来架在厨房的火炉上。她疼得尖叫：

最后，疯子迈克尔往布里吉特身上浇了灯油，点燃了火。她死得很可怕。

迈克尔坐了20年的牢——但是他一直都相信他烧死的是一个仙女，而不是他的妻子。

5. a　阿格尼丝是一个63岁的寡妇。她被指控用巫术杀死威廉·法恩，因而被捕。在审判她的时候，人们编造了很多关于她的“罪行”的故事。他们说她把她的猫撒旦变成了一只癞蛤蟆，这样她就可以用猫的毛做手套。

有个小女孩讲了一个更傻的故事。小艾姬·布朗（12岁）说：

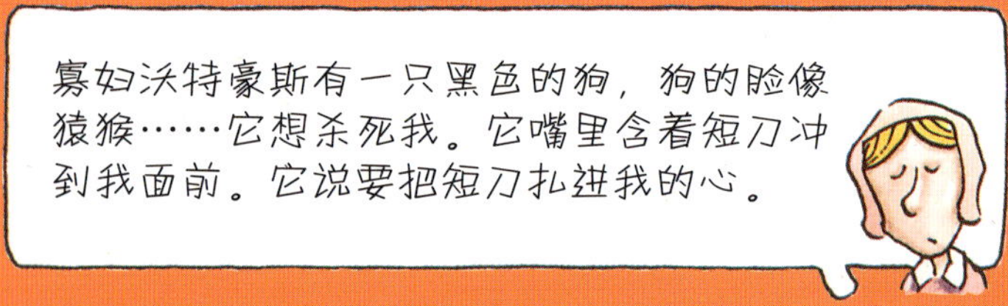

艾姬没解释嘴里含着刀的狗怎么能说话，还有她怎么逃生的。头脑清醒的沃特豪斯太太说：

然后头脑糊涂的沃特豪斯太太加了几句：

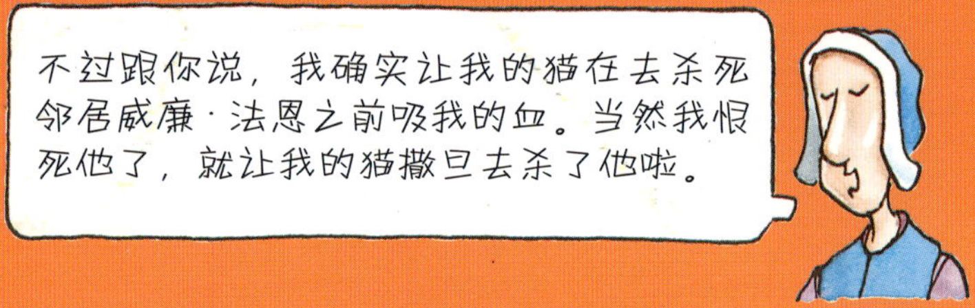

寡妇沃特豪斯被绞死。她是伊丽莎白一世的新巫术法令公布后第一个被绞死的女人。

6.c　布赖恩在一场足球比赛中杀死了邻居的儿子。他在劝架的时候，用刀捣碎了那可怜的小子的头。（你也知道在如今的足球比赛中，用刀子打对手的头是要得红牌警告的。）

布赖恩教他的女儿安妮打喷嚏打出针来，叫她假装犯疯癫。他还给她喂药让她生病。

当国王詹姆斯寻访牛津郡的时候，布赖恩跟国王上诉。案件被驳回，3个女人无罪释放。布赖恩在监狱蹲了一段时间。

7.c　贾尔斯·盖蒂（萨勒姆的一个巫师）被指控施用巫术时，拒绝说“有罪”或“无罪”。（他可能认为这样法庭就无法进行审判。但是他错了。）

盖蒂被“压迫”了。他被迫平躺在地上，身上盖了一块木板。人们把巨大的石头一个一个地放在木板上。他越不说话，放的石头就越多。

他痛苦了两天，然后死了。

你知道吗？

盖蒂的舌头因为身上的重压而伸出来了。治安官来了，又把他的舌头硬塞回去。你说残忍不残忍？

邪恶的搜巫人

有些人说他们可以看出谁是巫婆，谁不是。他们说自己能从一群人中指认出巫婆。实际上当然不能。但是他们各自都有成为“搜巫人”的理由——通常是些邪恶的理由。

可怕的汤奎乐和罗顿的修女

1630年，法国罗顿的教区牧师乌班·甘迪尔教父，写了些关于红衣主教黎塞留的丑事……红衣主教可是法国最有权的人。

甘迪尔犯了个大错误。

黎塞留听说过修女被施巫术的谣言，就加罪于甘迪尔。黎塞留知道是该做什么事的时候了……

他派了搜巫人嘉普秦·汤奎乐去驱魔——“拔除”这些魔鬼。事实上，汤奎乐教那些修女怎么在前来围观的罗顿人民面前表演。他们真上演了一场特棒的话剧。一份当时的报道是这样说的：

修女们用头前后甩打自己的胸和背，好像脖子都断了似的。她们的胳膊在肩膀、手肘和手腕处扭曲，竟扭转两三周。

她们趴在地上手掌摸着脚掌，脸上表情恐怖得让人看不下去。
她们的眼睛一眨不眨地睁着。她们的舌头从嘴里伸出来，肿得吓死人，又黑又硬，上头还都是小脓包。
她们身子往后仰，直到头挨着脚。然后保持这种姿势快速地走动。
她们还大声地骂人，讲的可怕的粗话从来没人听到过。

300多人前来观看这些疯了的修女。

甘迪尔的另一个敌人曼诺里博士也被叫来，测试甘迪尔的魔鬼印记。[①]

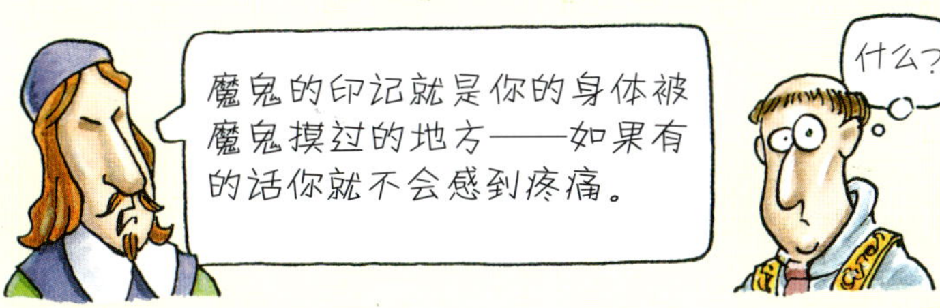

① 是呀，牧师们好像有很多的敌人，他们肯定得罪了很多人。他们就像交通警察一样。

曼诺里用一个圆柄的探针往甘迪尔的身上扎，甘迪尔居然没表现出任何疼痛的感觉。这是怎么回事呢？

曼诺里耍了一个花招。

甘迪尔被判有罪，但是在处死刑之前还受到了折磨。施刑人用木板把他的腿绑起来，在腿和木板之间钉进去铁楔子，直到他的骨髓和血都喷出来。

在被折磨的整个过程中，甘迪尔没有诬告任何一个巫师。他被拉去活活烧死了。

有些修女说：

搜巫大将军

不列颠最有名的搜巫人就是马修·霍普金斯（死于1647年）——搜巫大将军。谁给他起的这个外号呢？

17世纪的时候，他是萨福克、埃塞克斯和东安格利亚的恶魔，他在那里抓了230个人并把她们当成巫婆给绞死了。

下面就是你前所未闻的霍普金斯犯的六桩恶事。

1．霍普金斯抓的嫌疑人塞满了监狱。夏天，空气太污浊了，他们死于疾病。事实上，1645年来自科尔彻斯特的报告说：

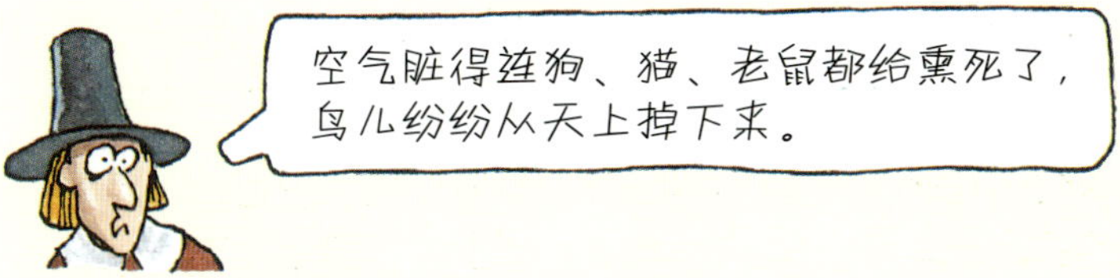

跟有的学校的男厕所一样臭！

2．霍普金斯想到了两个阻止巫婆魔力的方法。挺恶心的，你可能不想读下去。

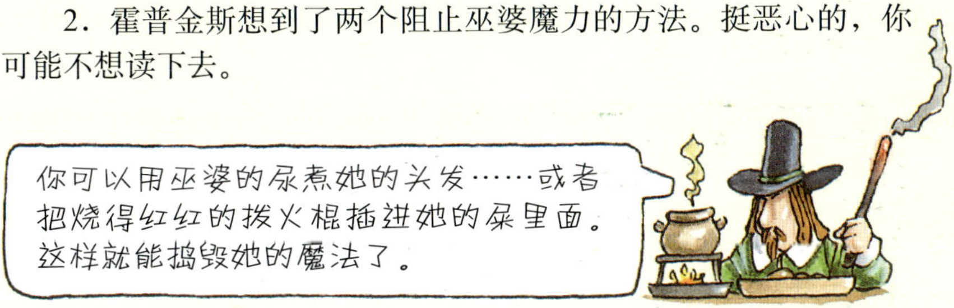

另类历史提示

别在家里做这个，因为臭味几天都散不了。

3．霍普金斯指控切姆斯福德的伊丽莎白·克拉克是巫婆，并给她判了绞刑。她被拉到绞刑架旁，他们叫她爬梯子上绞刑架。

但是可怜的伊丽莎白只有一条腿。她只能在别人的帮助下上梯子，这样绞索才能套上她的脖子。

然后，他们把梯子拿走，留她在那里慢慢死。

4. 围观的人冲上前去，想抓一块巫婆的衣衫，或是抢一段绞死巫婆的绳子。他们想抓一点魔力。所以施绞刑的人常常把尸体尽快地放下来。

有时候，他们放得太快，受害人还活着。

他们又得吊她们一遍。

5. 巫婆被埋在监狱后面的一个坑里。尸体上面压一块大石头。有时候尸体上还被插上一根木桩。

这些都是为了阻止巫婆再飞起来进天堂。

6. 霍普金斯确保成打的男女因为施巫术而被绞死。这是英格兰的法律。但是有一个可怜的女人，玛丽·莱克兰，却被活活烧死了。

霍普金斯说她用巫术杀死了自己的丈夫。而杀死丈夫的处罚就是被烧死。玛丽·莱克兰可能是英格兰唯一一个被烧死的巫婆。

1645年，在伊普斯威奇，她被……

- 扔进一个装有焦油的桶里。
- 拴在地上的一个柱子上（这样她没法逃走）。
- 油桶下面是火堆，她被烧死了。

搜巫人的结局

传说马修·霍普金斯最后被判为巫师，经审讯后被绞死。那是他应得的下场。

但是这个传说可能不是真的。他很有可能在1647年死于肺病。

后来英格兰再也没有搜巫行动。大家发现搜巫太费钱，要付钱给搜巫人，花钱把罪犯关在监狱里，绞死他们也得花钱。在17世纪40年代，绞死一个巫婆要花1英镑……很多很多钱……烧死玛丽·莱克兰甚至花了3英镑呢。

搜巫人被彻底铲平了

当个搜巫人也会很危险的。

非洲的祖鲁人首领沙加（1787—1828）手下有可以“闻出”巫婆的搜巫人。沙加不太相信他们，所以测试了他们一回。他说有一个巫婆在他家里抹了血，他要他们找出那个巫婆。

沙加其实是自己抹上了血，可是他手下的那些搜巫人却抓到了300个犯人。

沙加备受打击，把所有的搜巫人都集体杀死了……那是他们应得的下场。

该念咒语了

下面是几个巫婆的咒语。它们根本就不灵，所以你不用担心！

1．兔样去，人样回

伊泽贝尔·戈迪是个年轻的家庭主妇。1662年，她被指控为巫婆而受审。没有人折磨她。她就是自己给自己惹出了麻烦。

她让法庭分享了几个她的咒语。下面是她把自己变成野兔时说的：

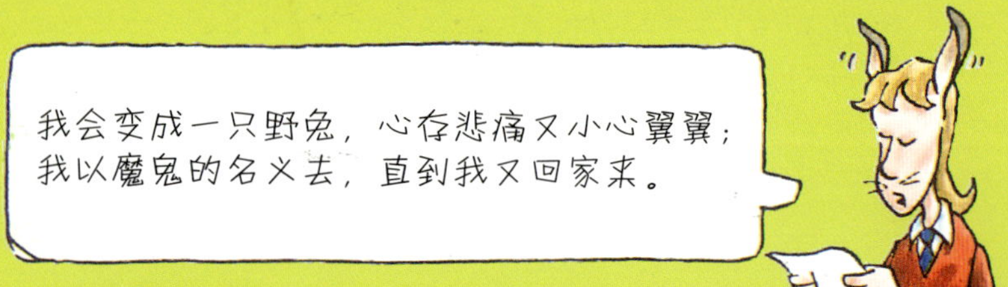

把自己变回来，她会念：

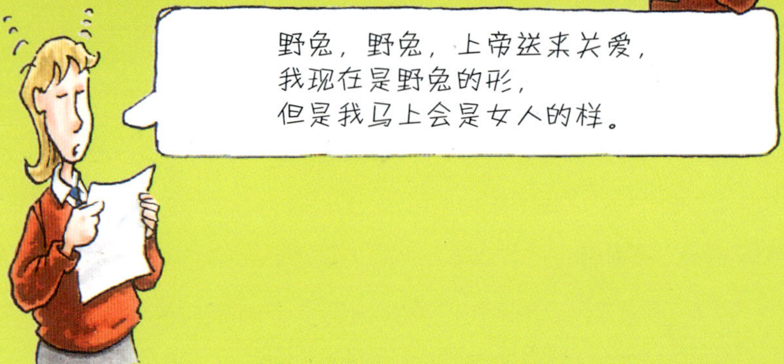

有些历史学家说我们根本不知道她的结局怎样，但是有报道说她被勒死，然后被烧掉了。

2. 碗里的癞蛤蟆

你是否住在印度，盼着雨水来帮助你的农作物生长？那下面就是一个为你准备的特别的咒语。

雨　咒

你需要：

一只活青蛙，一个可以用来捣玉米用的木碗

一块碾玉米用的石头

做法：

1. 从村里的5个人家里收集水，放在碗里。
2. 把你的青蛙拿来，放进水里。
3. 女人们必须唱关于旱灾的歌。
   如果你不知道这些歌怎么唱，试试这个：
   我的脑子里有雨水，
   但是我的水管里没有水。
   大雨，或只是一些雾水，
   为我的小青蛙带来雨水。
4. 你唱歌的时候，用碾玉米的石头把青蛙捣成糨糊。[1]
5. 等着下雨吧。

---

① 在星期X的名字前边有“星期”字样的时候（比如星期一，星期二……），谋害青蛙是犯法的……所以你最好别试这个咒语。

3. 她爱我，她不爱我……

想知道你会跟谁结婚吗？

试试这个你就知道了。

1. 点燃一根蜡烛，站在镜子前面。
2. 在镜子前面削苹果皮。
3. 你未来的妻子或丈夫的脸就会在镜中出现。

你知道吗？

如果你在万圣节的时候看到一只蜘蛛，那可能是一个已经死去的朋友来看望你啦。哈！

4. 看到魂灵

有些人相信我们周围都是鬼魂，只不过我们看不到他们而已。如果你真的想看到他们，你只要做一种膏药就行。

要想看到鬼魂，只要把田凫、蝙蝠和山羊的油脂搅在一起，抹在你的眼皮上。

5. 飞翔游戏

上学要迟到了吗？别担心。用这个中世纪巫师的咒语，飞越马路，准时到校。

从杂物柜里取出一把扫帚，跨在上面，然后念这个咒语：

我告诉过你这个咒语也不灵吗？

6. 伊然归仁然

你是否担心被疯狗咬过之后会得狂犬病？你不用再担心了。下面就是秘方……把这个秘方随时装在口袋里看来像个不错的主意，以防你不知什么时候就碰到一只疯狗。

试试吧……很简单，就把这几个词写在一张纸条上：

伊然归仁然，卡撒然卡撒仁特姆卡撒然脱斯克。

把纸条放在一个蛋壳里，然后塞进被疯狗咬了的受害人的喉咙里。

你知道吗？

在中世纪的非洲，人们把巫术当成一种宗教。当非洲人被贩卖到美国当奴隶的时候，他们把这种宗教也带到了美国。在海地，巫术逐渐发展成伏都教。作家和电影编剧

写了很多伏都教信徒的故事。

事实上，他们杀的都是鸡、山羊、绵羊和狗。他们相信这些动物会给他们带来健康的身体、好的收成或好的运气。

威廉的巫婆

当詹姆斯一世成了英格兰和苏格兰的国王的时候，他对巫师非常感兴趣。大作家威廉·莎士比亚写了一个“巫师”剧本来取悦詹姆斯。

奇怪的姐妹

莎士比亚写的《麦克白》剧本里，英雄——勋爵麦克白跟3个奇怪的姐妹见面，预测未来。

她们告诉勋爵麦克白他会成为国王。而且他……是一路杀人杀上这个最高位置的。

她们著名的咒语不是大家所想象的“小凸，小泡，劳累和烦恼”，她们念的是：

你知道那个咒语，是因为你很聪明，而且在莎士比亚课上认真听讲了。

然后她们把很多恶心的东西扔到大锅里。

所以，聪明的好学生，看下面哪两样东西，没有被麦克白的巫婆扔进锅里。

B
一个死土耳其人的手指
C
蜥蜴的腿
龙的鳞
答案：B和G。不是死土耳其人的手指和死婴的鼻子，而是土耳其人的鼻子和婴儿的手指。

疯狂的巫师

你想发财吗？别买彩票了。去找个巫师，问他能否给你造些金子吧！当然那都是些花招，而且你们这些另类的历史学家才不会傻到上当受骗呢。

金色的梦想

中世纪魔术师最大的梦想就是把一般的金属变成金子。

大约在1450年，特雷维索的伯纳尔试过把2000个鸡蛋、橄榄油和硫酸搅拌在一起。他把这些混合物煮了两个星期，加入了金属，然后他就造就了……世界上最大的鸡蛋饼！他以大败收场，然后把这东西喂给他的猪吃。这有可能是他的猪吃过的最好的一次晚餐。

真的，也是它们最后的一次晚餐。

这东西毒死了它们。

傻瓜的金子

德国巫师大卫·保瑟知道造金子的秘方（他宣称）。法庭百般折磨他，要他说出秘方。他是怎么保密的呢？

a．把秘方塞进一个瓶子里，然后扔进大海

b．把秘方写下来，吞进肚子里

c．他从来没把秘方写下来，他服毒自杀了

答案：c 大卫·保瑟被关进监狱，但是拒绝交出秘方。当他被释放后，他服毒自杀了。

也许保瑟的造金术是个骗局。下面就是蒙骗人们相信你能造金子的招术。

造金子的简易方法

1. 拿一小块金子。
2. 再拿一些铅放在金属锅里，放在火炉上烧化了。
3. 把金子放进熔化的铅里，等它们凉了。
4. 召集来一些特有钱的人，越有钱越好。
5. 把金子和铅的混合物放在炉火上煮。拿些粉笔灰，面粉或者胡椒粉。跟你的观众说“这就是炼金粉”，然后把粉撒在烧热的铅上。
6. 接着煮，直到铅挥发了。
7. 锅底剩下的就是金子了。
8. 给你的观众看，然后说：“看！我的炼金粉已经把铅变成了金子！”
9. 把炼金粉卖给有钱的人。
10. 拿走你的那块金，然后收走他们的金币。

在他们发现上当受骗之前，逃得越远越好。你的试验真的成功了。你为自己“造”了很多金子！

魔镜

女王伊丽莎白一世的巫师约翰·迪（1527—1608年）宣称他可以通过一个“窥视器”，也就是一面魔镜看到未来。你自己可以试试看。怎么做呢？

a．从一袋子玻璃珠里总能找出一粒真正的窥视器

b．花1万英镑从这个网站上买：www.wo-shi-wu-shi-jiu-jiu-wo.co.uk

c．在大英博物馆里能看到迪博士的窥视器

答案： c 迪博士是16世纪50年代著名的魔术师，女王伊丽莎白一世常去见他，请他算命——尽管伊丽莎白一世下令禁止算命！她还让迪博士察看星象，告诉她哪天是最好的加冕日①。

伊丽莎白给了他一份在曼彻斯特某大学教书的工作——学生们恨死他了。伊丽莎白死后，他的家被抄，书被销毁。他在贫困中死去……倒是比被绞死好多了。

老鼠把戏

在17世纪50年代的英格兰，一个魔术师利用一只老鼠上演了一部巫戏。他怎么让老鼠听从他的指令呢？

a．是一只机动老鼠

b．是一只里面有弹簧的玩具老鼠

c．是一只他用奶酪训练出来的老鼠

① 你不需要星星来告诉你这个。星期一是最好的日子。没人喜欢星期一去上班。给大家放一天假去参加你的加冕日，大家会爱死你的。

答案：b　那个人是个变戏法的，他想让观众相信他有神力相助。他把老鼠皮里填满东西，在老鼠尾部塞了一个卷曲的弹簧。稍稍练习一下，他就能让老鼠被放在桌子上后，弹跳两下，然后他又抓住它。

他把老鼠装在口袋里，告诉它不许再乱跑，因为他还需要它的帮助玩更多的把戏。有时他的嘴里还发出吱吱的叫声，假装是那老鼠像小魔鬼一样叫。

最后一位巫婆

在20世纪40年代，英国跟德国打仗。英国人惧怕敌人会打探到他们的秘密计划，所以全国各处都贴上了海报。

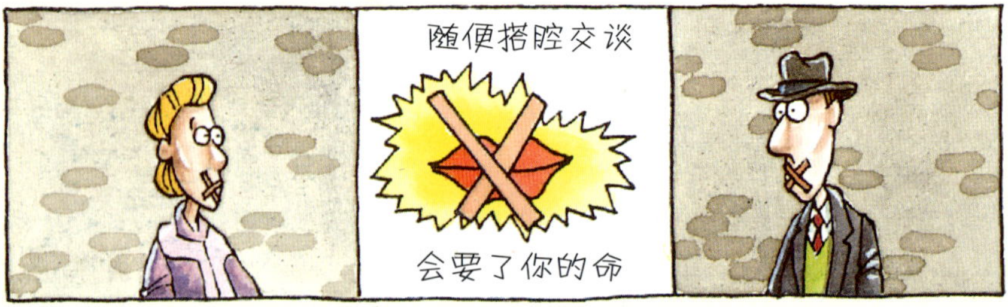

那时，在朴次茅斯，海伦·邓肯是个“媒介”……她说她可以跟死的魂灵交谈。

1944年，邓肯说她跟1943年在皇家海军舰艇“巴勒姆”号上牺牲的一位海军说过话。

这是一艘秘密的舰艇。没人知道它的存在。公众更不知道它已经沉入海底了。那海伦·邓肯是怎么知道的呢?

他们把她当做“无业游民”（流浪汉）给抓起来了。

但是不能以那个罪名把她扔进牢里，他们只能罚她25个便士。

她又不是间谍，他们也不能以这个罪名扔她进牢房。对当权者来说真是个头疼的事。

他们动用了1735年的老法律：

海伦很吃惊，她说：

据说英国的战争领袖温斯顿·丘吉尔相信海伦有跟魂灵说话的神力。丘吉尔最后在1951年废除了关于惩治巫术的法律。

海伦·邓肯，最后一个巫婆，就在5年后死去了。

尾 声

几千年来，人们杀死了那些变魔术的人。

有些“巫师”真的相信自己有魔力。他们疯了。

但是那些和巫师作对的人更疯狂。看看苏格兰伐夫郡的皮特维姆镇的那些人。他们是不是脑子进水了？看看他们做了什么——你自己来定夺吧。

1704年，珍妮特·康夫特被判为巫婆。她受到了折磨：

- 她被绑在教堂尖顶上，但她逃走了。
- 他们把她吊起来，这样可以往她身上扔石头，砸她。
- 他们让她躺在地上，然后往她身上放一扇特重的门。
- 再往门上堆石头，直到她被压碎了。
- 他们再把尸体拉出来，让马和马车在上面走过。

皮特维姆的那些人从未受到惩罚。

这就是你看到的可怕的历史。

你现在还相信巫婆就是那些头戴尖顶帽骑着扫帚的可笑的老太婆吗？

现在还有一些人自称是巫婆，她们可能不乐意读到世界上没有巫术这档子事儿。

他们甚至可能诅咒我。

我在乎吗？

不，一点儿都不。我就想说：

编者注

我们很遗憾这本书还没完成。德里先生在写最后一页的时候失踪了。警察说找到的唯一的线索就是坐在他椅子上的一只青蛙。

可怕的科学

另类历史

可怕的笔记

可怕的科学

另类历史

可怕的笔记

可怕的科学

另类历史

可怕的笔记

可怕的科学

另类历史

可怕的笔记